AF233232

UNE

RÉVOLUTION

NÉCESSAIRE

par

ALCIME LEFÉVRE

Salut à toi, soleil levant du vingtième siècle, je lève la Cognée sur la vieille Société pour faire place à la nouvelle ; à celle que tu éclaireras durant son passage dans la série des temps.

Dans son incessant besoin de perfection, la Nature écroule les montagnes pour combler les vallées. Imitons-la et abattons les montagnes d'abondance dans la vallée de misère.

10 Centimes

'n vente chez l'auteur, au Cateau (Nord)

Et dans toutes les librairies et marchands de Journaux

Errata

Page 9, ligne 24, au lieu de : Ouvriers à 5 francs., lisez : Ouvriers à 3 francs.

Page 10, ligne 23, au lieu de : Futurs députés sauront s'organiser, lisez : sauront l'organiser.

Page 11, troisième strophe, ligne 3, au lieu de : Ecoute, lisez : N'écoute.

Page 12, quatrième strophe, lisez : N'écoute que la voix de la vaillance.

UNE

RÉVOLUTION

NÉCESSAIRE

par

ALCIME LEFÈVRE

10 Centimes

———

En vente chez l'auteur, au Cateau (Nord)

Et dans toutes les librairies et marchands de Journaux.

UNE RÉVOLUTION NÉCESSAIRE

PAR

Alcime LEFÈVRE

INTRODUCTION

Je suis un enfant d'ouvrier, orphelin à dix ans, à quatorze ans jeté sur la rue, obligé de me suffire, je sais quel est le sort de la classe ouvrière, et si Racine a pu écrire :

« Nourri dans le sérail, j'en connais les détours »,

moi je peux dire :

Elevé chez le pauvre, je connais sa misère.

Aussi, est-ce cette connaissance qui me fait écrire cet opuscule adressé aux millionnaires, dans le but de les prévenir que les souffrances du peuple sont à l'état aigu, et qu'il est temps de lui accorder sa part des bénéfices résultant de la production nationale.

LA LIMITATION DU CAPITAL

La limitation du capital s'impose, car nous sommes arrivés à une époque où les seigneurs féodaux d'autrefois sont remplacés par les capitalistes plusieurs fois millionnaires, et s'il est reconnu que les seigneurs d'antan étaient une plaie pour le peuple, les archi-millionnaires d'aujourd'hui ne valent pas mieux, et c'est là une des plus grandes causes du malaise des ouvriers et des petits commerçants.

Ce n'est pas que je crois qu'il y a trop de millionnaires, je trouve, au contraire, qu'il n'y en a pas assez, qu'il y en a même beaucoup moins qu'il en faudrait; mais considérant que les hommes trop riches détiennent au détriment des autres une portion du trésor public, qu'il est nécessaire de répartir en plus de mains pour qu'il y ait plus d'heureux, je n'hésite pas à revendiquer cet argent inutile à leur bonheur.

Ne trouvez-vous pas, cher lecteur, que si cinq cents mille francs ou un million suffisent pour rendre bien brillant et bien enviable le sort d'un homme, il n'est ni raisonnable ni nécessaire qu'il en possède davantage, et que c'est justement ceux-là qui ne sont jamais satisfaits qui font les autres malheureux?

Allons ! messieurs les bi, les tri-millionnaires, et même les milliardaires, un bon mouvement, faites une révolution pacifique, vous éviterez qu'elle soit cruelle. Faites vous-mêmes la loi sur la limitation du capital et dépouillez-vous de vos millions superflus en faveur d'une caisse de retraite pour les ouvriers ou des invalides du travail, ou des corporations ouvrières, vous éviterez le pillage. Si vous ne voulez pas favoriser les travailleurs, — à qui vous devez pourtant ce que vous possédez, — favorisez ceux-là qui vous plaisent, mais qu'il soit interdit de posséder plus d'un million par un seul individu, le revenu doit lui suffire.

N'oubliez pas que l'ouvrier ne voit pas sans envie s'élever des châteaux, — qu'il a gagnés, — tandis qu'il est sans abri parce que vous avez trop prélevé sur son salaire. L'ouvrier n'est plus la bête de somme d'autrefois, il raisonne, et, je vous le déclare, si vous détenez tout l'argent que Jacques Bonhomme vous a gagné sans lui en restituer une partie, il vous prendra peut-être le tout.

Il me revient une petite aventure de mon jeune âge que je vous donne à méditer : J'avais été parrain au baptème de la fille d'un pauvre diable comme moi. Une veille de Saint-Nicolas, cette petite futée me dit : « Parrain, sais-tu ce que Saint-Nicolas mettra dans mon sabot ? » Assez embarrassé, je lui répondis : « Je ne sais pas, mais je crois bien qu'il y mettra un petit paquet de bonbons, un sou et une bonne tartine de beurre. » « Ah ! bien, qu'elle me fait — avec une adorable moue, — j'avais été bien sage, je croyais qu'il y aurait mis une belle poupée ; la petite Hélène, qui n'est jamais sage, en a bien trois, eh bien... si Saint-Nicolas ne me donne pas une poupée, j'en prendrai une à Hélène... »

Sans doute, vous allez me dire que limiter le capital

c'est arrêter le travail, tuer le génie, opérer le drainage de l'argent français à l'étranger, faire faire des ventes fictives, empêcher du coup la circulation de la fortune publique, etc., etc.; sornettes que tout cela. C'est votre cupidité et votre égoïsme qui vous font inventer ces objections.

Oui, vous direz que limiter le Capital est impossible, que c'est une Utopie toute pure, vous me rabâcherez tous les grands mots à effets que vous pourrez trouver dans l'unique but de conserver la Loi sociale qui nous régit et vo؛ millions.

— D'abord, vous savez bien que, sauf de rares exceptions, un millionnaire ne travaille plus lui-même, que la force seule de son argent agit, que ses employés fonctionnent, mais que lui ne jette qu'un coup d'œil de temps en temps à ses ateliers, et qu'on se passerait fort bien de son concours, et qu'il possède assez pour être satisfait — ou ce n'est qu'un ambitieux que l'on devrait supprimer. — En résumé, celui qui a fait sa fortune doit en jouir et laisser travailler les autres ; mais il faudra toujours que son argent travaille pour s'en procurer le revenu.

— Quand au génie des artistes et des inventeurs, il y en a bien peu qui arrivent à être millionnaires, et ceux qui travaillent encore après y être parvenus, sont encore des exceptions qui ne font rien à la règle, et pour ceux-là ne peut-on créer des distinctions honorifiques qui les récompenseraient largement en les désignant aux générations futures comme des exemples à suivre? L'Histoire ne manquerait pas de leur accorder la plus réelle des gloires. Ne craignez rien, le Génie Français ne mourrait pas de ce coup-là.

— Il est certain que pour détenir illégalement quelques centaines de milliers de francs en plus que la somme permise, une quantité de ces détenteurs de la fortune s'empresserait de prendre tous les moyens possibles pour cacher leur situation et, dans ce but, placerait de l'argent à l'étranger et même prendrait des prête-non; mais qui empêcherait de réprimer cette fraude par des lois sévères, et même de confisquer leurs biens? On pourrait aussi, s'il le fallait, accorder des primes importantes à la dénonciation de ces actes, primes qui seraient toujours payées par le délinquant. Sans doute il ne pourrait jamais être question d'ôter la liberté d'acheter des valeurs et des biens étrangers à ceux qui n'y emploirait aucun excédant de la fortune permise, pas plus qu'il n'est interdit de transporter une bouteille de vin sans acquit-à-caution. La répression étant sérieuse, les valeurs et les biens français ne sauraient être atteints.

— Quant aux millionnaires qui voudraient aller grossir leur caisse à l'étranger en s'y établissant, et en y transportant leur avoir, plutôt que d'accepter des bornes à leur trésor, il n'y aurait qu'à leur interdire le sol aimé de la patrie, et je vous assure que vous ne les verriez pas plus nombreux que les déserteurs de nos régiments.

La circulation de l'argent en France serait certainement plus forte en limitant le capital qu'en le laissant dans les mêmes mains, car plus il y a de gens qui possèdent, plus il y a de mouvement de commerce et de vie. J'ajoute qu'il y a certitude d'avoir une forte somme de bien-être dans la nation qui aurait le courage d'exiger, de ses législateurs, le vote d'une loi semblable dont l'effet serait de détruire les Rois de la finance pour n'en plus faire que des barons.

— Si la démocratie française, qui a culbuté d'autres trônes, ne fait pas cette révolution — qui est absolument nécessaire — on verra l'Anarchie faire son chemin, car

il y a trop d'écart entre le riche insolent et le malheureux meurt-de-faim.

La limitation du Capital divisant forcément l'argent,
aurait pour effet de donner de l'activité aux affaires ;
le bien-être s'accroîtrait dans des proportions incon-
nues jusqu'ici, et la masse des travailleurs ne connaîtrait
plus la noire misère.

— Eh ! tas de penseurs qui gémissez sur le dépeu-
plement de la France, ne voyez-vous pas que si l'ouvrier
ne veut plus d'enfants, c'est qu'il désespère de les nour-
rir ? Ne voyez-vous pas encore que s'il y a tant d'avor-
tements et d'infanticides, c'est le résultat du manque
d'argent chez l'ouvrière ? — Je ne parle pas des riches
sans-cœur qui ne veulent pas de grosses familles dans
le but de faire de plus gros fortunés, et pourtant ceux-là
n'auraient plus ce motif si on limitait le Capital.

— Ne voyez-vous pas aussi que l'ouvrier honnête
sue sang et eau pour vivre, et qu'il se décourage au
point de se ranger sous la bannière des vagabonds,
tant qu'il a fallu voter la Loi Béranger et la libération
conditionnelle ? ? ? N'est-ce pas les résultats de notre
mauvaise organisation sociale ? Ah ! je n'en peux dou-
ter, vous me donnerez raison et vous réclamerez avec
moi une Loi si nécessaire.

— Sans doute, pour croire obtenir de bonne volonté
que les heureux de la terre se débarrassent de leur or qui
leur donne tout pouvoir et toutes jouissances, il faut
être bien naïf — et je ne les crois pas des Vincent-de-
Paul — aussi comme je n'attends pas cet heureux évé-
nement des ambitieux ni des égoïstes, je préfère m'a-
dresser aux ouvriers et aux commerçants, et leur deman-
der de ne plus voter que pour les Candidats disposés à
mettre la limitation du Capital en tête de leur pro-
gramme. Je fais plus, au risque de me faire rire au nez,

je demande au Parlement actuel de la mettre à l'ordre du jour et de la voter lui-même..... Mais que peut-on attendre des Panamistes ? ? ?

Je disais en commençant que je connaissais la peine des travailleurs, je range dans cette classe les petits commerçants.

Il faut voir ces derniers, la veille d'une échéance, quand ils n'ont pu faire rentrer assez d'argent pour faire honneur à leur signature.

Les plus gros négociants connaissent eux-mêmes cette situation, car ils sont souvent obligés d'avoir recours aux banques, parce que leurs clients n'ont pu payer en temps le montant de leurs factures ; mais le millionnaire, bailleur de fonds des banquiers, est inexorable et sans pitié, si vous devez la moindre somme, il ne vous fera grâce ni d'un jour ni d'un centime, la Loi est là et les Huissiers aussi.

—Peut-on, je le demande, voir constamment exercer un pareil droit sans réagir contre cette Loi qui écrase sans pitié des malheureux auxquels il manque souvent le stricte nécessaire, et cela pour grossir le superflu de ces cruels financiers ?

— Et le Cultivateur-fermier, croyez-vous qu'il est plus heureux ? Non, tous les travailleurs, à quelle que catégorie qu'ils appartiennent, souffrent de cette organisation sociale qui permet d'élever les fortunes comme celles que je vous montre dans le court relevé ci-après, et qui désigne seulement quelques riches étrangers, ne voulant désigner aucune fortune française.

1o En amérique :

Mackay, 1 milliard 250 millions de capital, 62 millions de revenus.

Stewart et Bennet, entre 250 et 150 millions de capital, avec 12 ou 7 millions de revenus.

2o En Angleterre :

Rothschild, de Londres, 1 milliard 100 millions de capital, et 50 millions de revenus.

Le duc de Westminster, 400 millions de capital et 20 millions de revenus.

Le duc de Sutherland, 150 millions de capital et 20 millions de revenus.

Le duc de Northumberland, 125 millions de capital, et 6 millions 250.000 francs de revenus.

Enfin le marquis de Bute, 100 millions de capital et 5 millions de revenus.

En y joignant le milliard et les 375 millions de M. Jay Goule, qui produisaient en moyenne 70 millions de revenus par an, on a le formidable total de 5 milliards 200.000 francs de capital, produisant un revenu de 255 millions partagés entre *neuf personnes* seulement.

Quand on pense que pour réunir ce revenu, il faudrait 212.500 petits employés et ouvriers à 1.200 francs par an, et combien d'employés n'arrivent pas à gagner cette somme si modeste !

Combien d'employés à 90 francs par mois, combien d'ouvriers à 5 francs, 3 fr. 50 par jour, et même beaucoup moins, avec 300 jours de travail à peine, par suite des chômages !

Le bon grain ne peut germer, et risque fort d'être étouffé si le terrain n'est pas préparé et semé à propos, aussi je regrette de n'avoir pas en mon pouvoir les moyens de vulgarisation nécessaires. Je voudrais que cette petite brochure soit répandue dans les ateliers et les magasins, afin que les ouvriers comprennent qu'il existe des remèdes à leur maux, et que la réforme que je demande en est une des plus indispensables à l'amélioration de leur sort, et qu'ils ont le devoir de la réclamer à leur mandataires de bon sens, ne pouvant espérer l'obtenir de l'amour de l'humanité.

Aux capitalistes, je dis : Examinez bien les revendications ouvrières, vous verrez que si le riche savait se contenter d'une position magnifique, mais plus raisonnable, la terrible crise qui existe et qui se prépare à devenir des plus violentes, — que l'on ne peut même envisager sans frayeur, — serait probablement conjurée.

En somme, que demande l'ouvrier ? Du travail et une paye équitable. Mais messieurs les millionnaires n'ont jamais assez de millions, et le travailleur ne sait plus payer son boulanger. Croyez que le penseur voit l'avenir de ce système inique et anti-naturel, et il peut prédire, à coup sûr, que le temps n'est pas éloigné où sa condamnation sera prononcée, de gré ou de force.

En plus de la limitation du capital, il faut aussi donner aux ouvriers la participation aux bénéfices. Ce n'est pas là un vœu irréalisable, et j'ose espérer que nos futurs députés sauront s'organiser ; mais pour cela, socialistes, serrons les rangs, les élections sont proches.

Allons, tous debout pour le bien du peuple travailleur !

Alcime LEFÈVRE.

Le Cateau, le 5 janvier 1893.

LE DEVOIR DU REPUBLICAIN

PAR

ALCIME   LEFÈVRE

I

Républicain aime l'humanité,
Du Philanthrope imite la vertu,
A l'orphelin fais l'hospitalité
Et viens en aide à tout faible abattu.
Du malheureux soulage la misère,
De toutes parts chacun te bénira,
N'oublie jamais que le pauvre est ton frère,
Fais ce que dois, advienne que pourra.

II

La Charité te défend l'avarice,
De l'homme dur, égoïste et ingrat,
Les gens de cœur savent rendre service
Et s'entr'aider dans le plus pauvre état.
Si Dieu sur terre t'a rendu fortuné,
Sans t'inquiéter de ce que l'on dira,
Sois le soutien du pauvre abandonné,
Fais ce que dois, advienne que pourra.

III

Si par hasard on te fait une offense,
Sois généreux, pardonne de bon cœur,
Ecoute que la voix de l'indulgence,
Car la Vengeance est fille de l'Erreur.
En t'inspirant des plus doux sentiments
Dans ta maison le bonheur régnera,
A ton exemple élève tes enfants,
Fais ce que dois, advienne que pourra.

IV

Si la Patrie t'appelle à sa défense,
Vole au combat, tu dois la secourir,
N'écoute la voix de la vaillance,
Pour son pays il est doux de mourir.
Plutôt la mort que le joug étranger
Ce dévouement toujours réussira,
En combattant ne voit pas le danger,
Fais ce que dois, advienne que pourra.

V

Pour conserver ta chère République,
Ta liberté et tes droits souverains;
Des Candidats connais la politique,
Donne ta voix aux vrais Républicains.
Pour éviter qu'un nouveau Deux-Décembre
Vienne soudain chanter son Libéra,
S'il est besoin de défendre la Chambre,
Fais ce que dois, advienne que pourra.

Imp. M. Décembre, 326, rue de Vaugirard, Paris.